꽃	잎	*	속	에		
			이	야	기	♥

꽃잎 속에 이야기 ♥

김은복 두 번째 에세이

책나무출판사

| 머리말 |

 《소중한 만남》 에세이가 나온지 엊그제 같은데 벌써 5년이라는 세월이 구름처럼 흘러간 지금, 세상은 정신 없지만 그래도 여유 조차 찾아 볼수 없는 마음 잠시 잠깐 내려 놓으시고 솔직하고 소소한 《꽃잎 속에 이야기》를 보시고 마음에 위로가 되셨으면하는 바람이 듭니다.

 그 누구에게도 도움 받지 않고 15개월 동안 정성을 다했습니다. 글을 쓰면서 순간순간 울다 웃다 했습니다. 그때 아프고 즐거웠던 생각이 마음속에서 꿈틀거리는 소리에 놀라고 긴 터널 속을 달려도 보고 아름다운 꽃밭에서 행복에 향수가 가득찬 타임머신 타고 되돌아도 가보았습니다. 글을 쓰면서 인생을 참 열심히 살아왔구나, 하는 생각이 들어 제 자신에게 애썼다 행복하자 토닥토닥해 주었습니다.

각자의 유년, 청소년, 중년에 지금은 어떤 모습일까 한번 쯤은 생각하고 공감할 수 있었으면 좋겠습니다. 저 또한 보다 나은 성숙한 모습으로 여러분께 다가도록 겸손하게 살겠습니다.

또한 들판에 강인한 잡초로 다가설수 있었던 것이기 때문에 꽃잎 속에 이야기로 독자 여러분을 또 만나뵙게 되었습니다. 한없이 부족한 저에게 용기와 사랑을 듬뿍듬뿍 주셨기에 큰 힘이 됩니다.

마지막으로 책나무출판사 임병천 편집장님께서 수고해 주신 것에 고개 숙여 깊이 감사드립니다.

2025년, **김은복** 드림

| 목차 |

머리말 · 4

1부

꽃잎 속에 이야기 · 10 / 언니, 오빠가 함께 놀아줬던 이야기 · 11 /
건넛방 가게 · 13 / 소꿉놀이 · 15 / 집 지키는 강아지 · 17 /
고모 이야기 · 20 / 티브이 이야기 · 22 / 고마운 김경희 언니 이야기 · 23 /
충격 먹은 이야기 · 25 / 집에서 나온 이야기 · 27 / 조카 이야기 · 31 /
오빠 이야기 · 32 / 경사로 이야기 · 34 / 엄마의 이야기 · 36 /
완용이 오빠 이야기 · 38 / 언니와 형부 이야기 · 40 /
나의 사랑 이야기 · 43 / 이런 사람이 되고 싶다 이야기 · 45 /
우리들의 희망 이야기 · 47 /
연홍식 시인님, 권숙희 스피치 강사님 이야기 · 49 /
노래교실 이야기 · 51 / 사람과 사람 사이 이야기 · 53

2부

하늘공원 이야기 · 56 / 활동지원사님 함께하는 이야기 · 58 /
봉사 이야기 · 60 / 양엄마 이야기 · 62 / 후원 물품 이야기 · 65 /
복지관 이야기 · 67 / 행복한 사람 · 69 / 꽃잎 속에 이야기 · 72 /
여름이 좋다 · 74 / 행복 · 76 / 예바다부 · 77 / 집에 가는 날 · 79 /
금광 2동의 멋진 여성 · 83 / 한 맺힌 모기 · 85 / 어항에 애기들 · 87 /
장콜 기사님을 생각하며 · 89 / 나를 생각하며 · 91 /
우리 집은 · 93 / 사랑합니다 · 95 / 고마운 꽃 · 97 /
우리 집 별미 오이생채 · 99 / 우리 동네 중앙공원 · 101 /
의사선생님들을 생각하며 · 103 /
가지의 사랑 · 106 / 자유의 열매 · 107

꽃잎 속에 이야기

　용인 내 고향집은 한 폭의 그림 같았다. 마루에 누워 있으면 앞산 뒷산 계절을 알리는 나무들이 울창한 숲을 이루고 겨울에는 나뭇가지에 하얗게 눈 꽃이 피고 봄에는 아카시아꽃 향기가 날리고, 꽃밭이며 구수한 장맛 나는 크고 작은 장독대 항아리. 작은 텃밭이며 새가 노래 부르는 소리. 시인은 사색에 잠겨 시를 쓰고 인생을 쓰고 문학을 쓰고… 사람 사는 모습, 정을 퍼주는 그런 어린 시절 잠시 타임머신 타고 가서 꽃잎 속에 이야기가 주는 아픔의 빛깔, 행복의 빛깔. 애정어린 빛의 눈으로 가슴으로 영혼 속에 자유의 꽃은 살아있는 모습을 보고 위로받으며 이제 막 피어오르는 아름다운 지금! 자, 아래 길로 내려 가 보실까요?

언니, 오빠가 함께 놀아줬던 이야기

 언니와 오빠는 동생을 사랑하는 마음에 혼자 두지 않고 꼭 나를 친구들 사이에 두고 언니는 소꿉놀이며 인형놀이며 추운 한겨울에 옆집 작은 연못에서 언니 친구들과 함께 모여서 썰매를 서로 끌어주고 밀어주곤 했다.

 오빠도 자치기 딱지치기 연날리기 등등 내 눈과 귀를 즐겁게 해주었다. 언니는 꽃피는 어느 봄에 싱싱한 오이를 따서 내 손에 들려주어 상큼한 맛을 느끼게 해 주었다. 한날은 엄마가 친척 집에 잔치가 있어 집 비우고 없을 때는 따뜻한 물수건으로 얼굴, 팔다리를 깨끗이 닦아주고 긴 손톱 발톱도 손질을 해주었다.

철이 없던 시절, 난 언니와 오빠가 학교에 가고 없을때 뭐가 좋은 게 없을까 눈을 크게 뜨고 책상 아래 위로 살펴본 후 동생 은영 보고 언니가 가정 시간에 자수로 수놓은 책상 덮게 찻잔 쟁반 책이며 빈 공책이며 내 손에 들어왔다 하면 내 마음대로 낙서 하고 그림도 그리고 무엇이든 내 놀잇감이었고, 라디오에서 흘러나오는 제대로 알지도 못하면서 아는 것처럼 팝송을 흥얼흥얼하고… 용필이 오빠의 노래는 따라 부르기는 쉬웠다. 테이프는 조몰락 조몰락 해대서 늘어지고 망가트려 놓아도 지금 생각하면 혼이라도 내주지 그게 나에 대한 사랑이었나, 잘 모르겠다.

건넛방 가게

 동네에서 집집마다 돌아가면서 작은 구멍가게를 맡았다. 구멍가게가 드디어 우리 집 작은 건넛방 한가운데 딱 차지해 있었다. 어른이며 애들이며 하루 종일 과자 사러 들락날락했다. 나에게 가져간다고 하면 난 엄마가 오시면 말을 해 엄마한테 칭찬을 받고는 기분이 좋았다.

 식구가 없는 긴 하루를 보내야 했던 나는 새우깡, 뽀빠이, 바나나킥, 라면땅, 땅콩카라멜, 풍선껌 등등의 그들이 나를 기다리고 있었다. 그때는 어느 정도 손을 쓸 수 있었다. 안방에서 건넛방으로 날렵하게 날아와서 그것들을 하나씩 내 앞에서 달달한 미소를 흘리며 손으로 입으로 까서 먹고 나면 방안 주변은 흔적이 널려 있었다. 과자 먹는 즐거움에 엄마께 혼날 걱정은 하지 않고 행복했다.

 엄마한테 혼날 걱정이 되어서 겁먹고 있었는데 엄마는 방에 들어오시더니 흔적들을 치우고 먹고 잘 놀았어? 엄마는 내가 혼자서 심심치 않을라고… 내가 먹은 과자값을 지불하시기 바쁘셨을 것이라고 생각을 해본다.

 이십 대에 여러 꿈 중의 하나가 구멍가게 하는 것이었다. 잘할 것 같은 느낌 자신감이라고 할까. 그때 누군가가 해보라고 권했으면 했을지도 모르겠다. 아무튼 재미있는 기억이다.

소꿉놀이

 소꿉놀이를 하며 즐거운 시절이 기억속에 있다 요즘은 시대가 좋아 돈만 주면 장난감이 널렸다. 장난감 마루 한쪽에 곧고 빳빳하게 그려진 찬장이 턱 하니 서 있었다. 그 안에서는 둥근 접시에 넓적한 그릇이 있었다.

 상을 펴서 하나둘 접시에 옥수수 담고 배추를 담고 흙을 담고 푸짐하게 한상을 차려 냠냠 은영이와 먹고 뒷정리를 다 마치고, 어떻게 하다 보니 접시가 깨지고 말았다. 엄마가 오기 전에 빨리 치웠다. 신문지에 싸서 한쪽에다 놓았다. 속으로는 혼날 걸 생각하니 무서운 마음이 들었다. 드디어 엄마가 와서 보고 에구 다친 데 없어 살펴보시고 엉덩

이를 한 대 치고 나와 은영이를 꼭 안아주는 엄마였다.

　동생 은영이와 싸우기도 잘 싸웠다. 철없는 시절을 생각하면 할수록 웃음밖에 안 나온다. 엄마는 얼마나 속상하셨을까?

집 지키는 강아지

 난 집 지키는 강아지였다. 강아지 역할을 톡톡히 했다. 누가 와서 뭘 빌려 가고 뭘 놓고 가는지를 알고 엄마한테 아버지한테 꼬박꼬박 보고를 하곤 했다. 엄마 아버지는 들로 산으로 남의 집 품팔이하러 가시고 언니, 오빠는 학교 가고 함께 싸우고 놀았던 은영이도 특수학교 가고 텅빈 집에 혼자 있어야 했다.

 어느 때는 혼자 있기 싫어서 일 나가시는 엄마한테 데리고 가라고 떼쓰기도 해서 할 수 없이 엄마는 기운이 넘치듯 등의 동생을 업고 나를 어깨에 둘러메고 기저귀 보따리 팔에 걸고 밭에다 뉘어 놓고 일하시는 엄마였다. 그래서 늘 외롭고 쓸쓸한 날들을 보냈다.

15살 때까지는 천방지축이라 그럭저럭 지냈다. 그런데 내 마음에도 변화가 일어났다. 어느덧 성숙한 사춘기가 찾아왔다. 그때부터 머릿속에서 의문이 생겼다. 난 왜 혼자서 아무것도 할 수 없는 거지? 다른 친구들은 건강한 몸으로 단정한 교복을 입고 책가방 메고 학교 다니는데 나만 왜 이렇게 누워있는지 모르겠다.

왜 태어났지? 엄마가 차라리 낳지 말지 원망했다. 울고 또 울었다. 그래도 난 식구들 앞에서는 에써 슬픈 얼굴은 감추고 밝은 얼굴 미소의 모습으로 있었다. 우울한 모습을 보이고 싶지 않았다. 왜냐하면 부모님이 보시고 가슴 아파하실까봐 더욱더 그랬다. 차츰차츰 혼자서 있는 시간이 익숙해졌다.

부모님이 일 끝나고 집에 오셔도 아무 반응이 없었다. 방에서 라디오만 틀어놓고 침울한 표정으로 엎드려 있었다. 방에 전등을 켜지 않은 상태. 그야말로 어두움 속에서 헤어나올 수 없었다. 동네 분들이 놀러 오셔서 혀를 끌끌 차면서 에구 에구 저것 때문에 애미 애비가 얼마나 고달프겠어

편하게 어서 빨리 죽지 왜 살아, 지 언니 오빠 시집 장가는 어느 누가 오려고 하겠어, 지 동생도 그러는데 해 속을 한 바탕 뒤집어 놓고가곤 했다.

고모 이야기

고모와 고모부가 계셨다. 고모는 나에게 엄청 잘 해주셨다. 혼자 있어 급한 소변도 해결해 주고 간식도 놓아주고 토요일이면 엄마 보고 고모집에 데려다 주라고 했다. 고모집에 와서 고모가 밥도 먹여주시고 포도도 내 앞에 두고 큰 거 2송이… 옷이 엉망이 되든 말든… 실컷 먹고 고모집에서 자고 그 다음 날 엄마가 데리러 왔다. 고모는 내 머리도 잘라주고 나를 아껴주셨다.

내 동생 은영이도 지적 장애다. 은영이는 2달이나 빨리 태어났다. 엄마가 하혈을 심하게 해 병원에서 은영이를 살리고 엄마는 수술하고 또 재수술까지 했다. 엄마가 어떻게 될까 봐 은영이를 꺼내 간신히 살리고 엄마만 신경을 쓴 후 은영이를 돌볼수 있게 되어 간신히 눈망울이 똘망똘망한 은영이가 살게 되었다. 천만 다행이 위험한 고비를 잘 버티서서 일어나셨다. 엄마가 만약에 못 일어나 셨다면 우리 집은 어떻게 됐을까 생각만해도 끔찍하다.

　고모는 은영이를 살리는 것에 애쓰셨다. 은영이는 못 먹어서 영양실조에 걸렸다. 고모는 쌀죽을 끓여 먹이고 못 걸었는데 연습에 연습을 시켜 걸을 수 있게 되어 지금의 은영이가 있는 것이다. 지금 이렇게 생각해 보니 이게 다 하나님의 은혜다.

티브이 이야기

 나 어린시절, 그때는 티브이가 있는 집은 극히 드물었다. 돈 많고 잘 사는 집은 티브이가 있었다. 동네 아무개집이나 친구집으로 저녁을 먹은 후 자리을 잡기 위해 동네 사람이 들이 우르르 몰려와 틈새 끼어 쪼그리고 앉아 티브이를 보 러는 어른 아이 할것 없이 마루에서 티비를 보고 있었다. 비좁은 마루에서 엄마는 나를 안고 보고 있다. 나에게로 별 들이 쏟아질 것만 같은 느낌. 하늘을 보니 순수한 우리의 모습이다. 청순하고 맑고 깨끗한 사람들. 하늘을 보니 갑 자기 눈물이 난다. 별이 된 고모가 보고 싶다. 엄마와 같은 존재인 고모다.

고마운 김경희 언니 이야기

고모네 큰 올케언니에게서도 따뜻함이 묻어난다. 나를 이뻐해주고 내가 손을 자유롭게 쓰지 못하는 걸 알기 때문에 내 발이 손인 걸 아는 언니라 언니가 오면 발로 악수하고 장난도 치고 반가워해 주는 언니. 인정 많고 마음이 한없이 넓고 넓은 태평양 같은 언니다. 뭐든 주는 걸 좋아하는 언니를 통해서 마치 고모를 보는듯한 느낌이라고 할까. 그래서 더 마음이 가고 편하고 좋다. 시누이, 올케 사이를 떠나서 그냥 좋다.

사람은 그냥 좋은 사람이 있고 싫은 사람이 있다. 행동을 어떻게 하는지 그 사람의 인격을 살리고 죽이고 한다는 걸 알아야 한다. 그 언니야 말로 인품이 살아 움직여 큰 바다를 이루는 사람. 그 모습이 김경희 언니의 모습이기에 고맙습니다. 사랑합니다.

충격 먹은 이야기

이중인격자인 ○○○.

내 앞에선 이쁘다 하고 뒤에 가서는 병원에 데리고 가라고 했다. 순간 무서웠다. 멀쩡히 살아 있는 나의 장기를 빼서 다른 사람에게 주라고 하루라도 빨리 하자고 했다. 지금 생각하면 왜 그런 생각을 했을까? 궁금하고 물어보고 싶다. 사람이기를 포기한 사람인 것 같다. 인생이 참 불상하다는 생각이 든다. ○○○이가 나쁜 사람인가? 동네 할머니도… 약 먹여 죽이 라고 엄마한데 약봉지를 건네주면서 말했다.

엄마는 어떻게… 평생 안고 살아야 된다고 엄마와 아줌마들 사이에서 하는 얘기를 들었다. 또 놀라웠다. 엄마는 올바른 성품을 가지셨다. 난 매일 매일 침울함 속에서 벗어나지 못했다. 어느 날 갑자기 죽고 싶었다. 그래서 난 파리약을 먹고 에이 죽자고 했었는데 그것도 쉽지 않았다. 멀리 있어서 손이 닿지 않아 실패를 하고 말았다. 친척들이 와도 그렇게 썩 달가워하지도 않았다. 그분들 역시 나를 불쌍한 눈초리로 바라보기 때문에 그런 그분들도 싫고 내 자신도, 집도 싫었다.

하루가 멀다 하고 매일같이 돈 때문에 뭣 때문에 언성 높여 싸워대고 우리 집은 조용할 날이 없었다. 동네방네 아즈매 아저씨 서로 욕하고 물고 뜯고 싸우는 소리 가슴이 터질 것만 같았다. 난 항상 어딘가로 도망치고 싶었다.

외사촌 오미경 언니가 있다. 언니가 와서 놀아도 주고 밥도 먹여 주고 안아도 주고 목욕시켜주고 한없이 예뻐해주는 그 언니가 왔다 하면 좋았다. 평소에 먹어 보지도 못했던 선물 세트 과자를 사왔는데 다 내거였다. 행복했다. 미경이 언니는 변함없이 지금도 전화로 따뜻한 안부도 묻고 사랑을 느끼게 해준다. 언니를 생각하며 노래 가사를 쓴 두 곡이 있다. 아직 한 곡은 알려지지 않았다. 악보를 만들면 누군가가 불러줄 것이라 믿으며….

자 이제 유튜브에서 노래를 들어보시면 어떨까요?

집에서 나온 이야기

 어느 날 꿈을 꾸었다. 내가 안방에서 내 발로 걸어 밖으로 나가는 것이었다. 생생하게 떠올랐다. 어느 해 이른 봄 아카시아 절정에 달한 5월 미경 언니가 삼육재활원에 친구가 있어서 내 애기를 했다고 한다. 삼육재활원에 들어가려고 했는데 나이가 많아서 안 된다고 해 소망재활원을 추천을 받아서 가게 되었다.

 그때 당시 넉넉지 않았다. 오빠 대학등록금 내려고 소를 키우고 있었다. 소망재활원에는 지금으로 말하면 2천만원인데 500만원을 내고 들어가야 한다고 엄마가 그곳에 다녀온 후 마루에서 저녁 식사를 하시면서 은복이를 그냥 우리가 끼고 삽시다. 아버지하고 대화를 나누시는 걸 들었다. 엄마. 나 재활원에 갈 거야, 보내줘. 나도 모르게 말이 툭 튀어 나왔다. 드시던 밥 수저 놓고 상 저리 밀어 놓고 안방에서 아버지와 함께 이야기 나누시는 걸 들었다. 나는 철철철 눈물을 쏟으며 엉엉엉 목 놓아 울었다. "알았어 보내 줄게." 하며 나를 안고 막 우셨다. 나도 눈물을 흘리며 울었다.

보름정도 되었나? 농사 일이 바쁜 시기에 아침부터 비가 추적추적 내리는 날, 고모네 큰오빠가 트럭에 실어 소망재활원에 발을 들여놓았다. 느낌은 아무렇지 않았다. 엄마 아버지가 가고 없어도 한동안은 몇몇 안 되는 아이들과 낮에는 어울리며 신나게 웃고 떠들고 잘 놀고 잘 지냈다. 나도 사람인지라 밤이면 밤마다 그리움의 베개를 끌어안고 울다 잠이 들었다. 막상 떨어져 보니 보고 싶었다. 집에서 생활을 했던 모습이 떠올라 나도 모르게 뜨거운 눈물이 주르륵 볼을 타고 흘러내렸다.

몇 달 뒤 온 식구가 출동을 했다. 집에서는 미역국이 전부였는데 늘 오빠의 추리닝 낡은 옷만 입고 있었다. 나도 새 옷 사달라고 떼를 썼지만 엄마는 언니 오빠 것만 사오셨다. 집에서도 사주지 않던 옷도 사서 입혀주고 근사하게 생일상을 받았다. 과일이며 떡이며 과자며 케이크에 한 상이다. 엄마는 나를 안아 바로 세워 앉혀 내 머리에 고깔모자를 씌우고 케이크에 촛불 켜고 생일 축하에 노래도 불러 주었다. 선물 받고 안 먹어도 배가 부르고 가슴이 뛰고 너무나 행복했다. 지금도 그때 생각하면 기분이 좋다.

그 이후로 1년에 서너 번은 꼭 찾아왔다. 엄마 아빠가 오셨다 하면 너무나 좋아 함성를 질렀다. 밥도 안 넘어갔다. 방 식구들에게 엄마가 먼저 손잡고 잘 있었어 한 후 나에게로 와 내 얼굴을 쓰다듬어주었다. 밥도 손이 부족할 때 양쪽으로 한 수저씩 떠먹여 주시곤 했다. 그 후로 식구가 돌아가면서 찾아왔다.

아버지 혼자 오실 때도 있었다. 아버지는 꿀랑 하나밖에 없는 작은 손가방에 내용물을 앞에 풀어 놓고 하나하나 살펴보시고 이거는 누가 준 거고 물어 가면서 차근차근 정리를 하고 식사 시간이 되어 한 수저 한 수저 따뜻한 마음이 느껴지는 밥을 먹여주는 아버지! 아버지는 어느 가을에 기쁜 소식을 들고 오셨다. 나도 조카가 생겼네. 이제부터 나는 이모가 되었구나. 이모 노릇을 잘 해야 되겠구나, 생각과 함께 기분이 좋고 행복했다. 마치 내가 엄마가 된 것처럼…. 언니에게나 형부에게 예쁜 내 조카를 만날수있게 해줘서. 우리 아버지 엄마도 이런 마음이겠지, 하며 그때 좋은 소식 전해주서서 아버지 고맙습니다.

조카 이야기

　내 눈에는 아직도 꼬맹인데 언제 이렇게 다 커서 시집을 가다니 내 기억속에는 이쁜 조카들이다. 어릴때부터 함께 생활도 하고 자주 보고 쌓인 정이 더 깊다. 그래서 더더욱 애착이 간다. 이모 보러 온다고 하면 즐거운 마음으로 문구점에 한걸음에 가서 선물을 골라 포장까지 예쁘게 해 놓고 정성이 담긴 선물을 기다렸다. 그것이 나의 행복이었다. 주어도 주어도 아깝지 않았다. 안 보면 궁금하고 보고 싶다. 조카들은 곧 나에게는 자식이라고 생각한다. 그래서 사랑을 더 많이 주고 싶다.
　일하고 바쁘게 하루하루를 사느라 힘들겠지 생각이 든다. 듬직한 사위들이다. 언니 형부한테나 아들이 되어 주는 것 같아 좋다. 지금처럼 잘 살고 있으면 좋겠다.

오빠 이야기

 오빠는 나에게 만큼은 좋은 오빠다. 시설에서 있을 때는 오빠와 나는 연인처럼 편지도 서로 주고받곤 했다. 오빠는 내가 무슨 노래를 좋아하는지 잘 알아서 그때 그 시절의 인기곡을 모아 공테이프에다 녹음해서 갖다 주어 심란할때에나 좋을 때나 들었다. 또 내가 책벌레로 알기에 두꺼운 책을 들고 왔다. 오빠가 읽었던 아끼던 책이었다.

 다른 사람보다 문장력이나 지식이 더 많이 쌓이고 생각주머니도 커져 갔을지도 모른다. 그때는 책을 접하는 시간이 많아서 무료한 시간이 아니었다. 행복하게 보냈다. 오빠가 그때 당시 비싼 수동휠체어를 사주었다. 덕분에 잘 타고 스트레스도 안 받고 잘 다녔다.

오빠가 결혼하고 나서 자주 찾아 왔다. 식구들하고 꼬맹이 조카들도 데리고 와서 식사하고 얼굴도 마음껏 보고 행복함을 느끼게 해주었다. 컴퓨터까지 사주고 해 글 쓰고 할 때도 편리했다. 폴더폰도 사주고 그야말로 여러 사람과 소통을 더 잘할 수 있었다. 안목이 넓은 세상속에서 살수있었다. 많은 사람들이 불러워할 만큼 나의 바람 막이가 되어줬다.

고마운 것은 올케 언니가 사람이 참 좋은 사람이다. 사람이 좋기 때문에 오빠도 나한테 잘할 수 있는 것이라 생각한다. 그렇지 않으면 마음이 있다 해도 할 수 없는 것이다. 감사하다. 각자의 삶이 있기 때문에 그전만큼은 볼 수 없다는 생각을 했지만, 새삼 요즘들어 그때가 그립다. 그래도 오빠가 나를 생각하고 생일 때 축하한다, 그 말이 오빠의 진심이 묻어나는 걸 알 수 있다.

내 등 뒤에서 달빛이 되어 어두운 밤길을 지켜봐 주는 그런 나의 오빠다.

경사로 이야기

 가벼운 수동휠체어 타고 다닐 때라 어렵다는 생각을 하지 못했다. 기운 좋은 사람과 함께 가면 집 안까지 데려다 주기 때문에 썩 불편함을 몰랐다. 시설 생활을 접고 자립해서 살아보니 용인집에 잘 가는 편이다. 가다 보니 계단이 걸림돌이 된다. 내가 작은 몸짓이지만 둘이서 데리고 들어가기에는 힘이 딸린다. 몇 개의 계단을 오르락내리락하던 차에 어느 날 집에 가보니 경사로가 놓여 있었다. 마치 하늘을 날아 갈 것 같이 행복했다.

 느티나무처럼 그저 특별한 사랑만 주는 인자하고 자상한 아버지시다. 자식한테 항상 무엇이라도 챙겨 주려고만 하는 아버지. 편히 집에서 쉬다가 갈 수 있어 지금 생각해보니 아버지는 멋쟁이다. 고맙습니다, 사랑합니다.

엄마의 이야기

나는 엄마와의 좋은 추억이 많다. 엄마가 재활원에 오시면 항상 내가 좋아하는 매점에서 컵라면 먹고 커피를 마시며 쌓인 스트레스도 병원 공원에서 이야기하며 엄마의 마음이 가득 담긴 정을 마셔가며 풀게 해주었다. 그냥 엄마의 모습만 바라봐도 나에게 위로가 되는 엄마. 내가 힘들 때 부르면 달려와 주던 엄마만 생각하면 마음이 아프다.

요즘 들어 엄마는 건강미가 넘치는 아기가 아니라 돌봄이 필요한 불안한 아기가 된 모습이다. 내 바지 허리가 크다고 하시며 손바느질해서 꼭 맞게 해주셨던, 내 말도 들어주고 나를 챙겨주던 세심한 엄마가 보고 싶다. 눈물을 흘렸다.

평생 고생만 하셨던 불쌍한 우리 부모님을 생각하며 시를 써서 노래로 만들었는데 엄마는 모르고 계신다. 그 노래는 영원히 살아 많은 사람이 엄마를 기억해 줄 것이라 믿고 싶다.

완용이 오빠 이야기

사촌 완용이 오빠도 내 오빠 이상이다. 집에 있을 때부터 거리낌 없이 나를 향해 대하는 마음가짐이 달랐던 오빠. 인품이 좋은 오빠. 재활원 있을 때 엄마 아빠와 함께 찾아올 때도 있었다. 어떤 날은 올케 언니하고 올 때도 있었다. 와서 오빠가 밥도 먹여주고 마치 애기 다루듯 따뜻한 마음이 묻어난다. 오빠와 편지도 써주고 받았다. 그때 당시도 난 문학 활동을 할 때라 오빠에 도움이 필요할 때가 많았다. 숫대문학에 초대를 받았다. 가야만 했다. 오빠께 부탁드려 다녀왔다. 너무나 고마웠던 오빠.

내 나이 스무살 무렵, 꽃 향기 가득한 5월에 너무 좋아 가슴이 기쁨으로 터질 것만 같았다. 그래서 난 열심히 살려고 노력했고 학교 생활도 열심히 했다. 추운 겨울날에 떡과 식혜를 큰 들통으로 하나를 해서 사무실에 가져왔다 선생님이 주실 거야. 잘 먹어라. 올케 언니는 소변까지 해결해 주셨다.

그랬던 오빠가 요양원에 계신다니 마음이 아프고 뵙고 싶다. 어느 요양원인지 알아내서 그때 오빠가 날 잘 챙겨주셨지만 이제는 내가 챙겨드려야 할 때가 온 것 같다. 오빠 잘 계셔야 돼요. 더는 안 아프게 기다려 주세요.

언니와 형부 이야기

우리 언니 형부도 나에게 해준 게 있다. 한 겨울에 찾아와 지혜 민정이와 함께 재활원 하얗게 눈이 덮인 겨울 들판에서 수동휠체어를 서로 서로 밀어 주면서 눈사람도 만들고 눈싸움도 하고 눈을 뭉쳐 나에게 옷 속에 넣고 웃으며 행복한 시간 보냈다.

언니 형부가 재활원에 찾아와서는 재활원 밑에 길 바로 근처에 있는 단골 치킨집으로 데리고 가 치킨 한 마리에 생맥주까지…. 또 어떤 날은 내가 크게 아파서 밤잠을 못 자고 있을 때 둘이 일 끝나고 와서 용돈도 몇 만 원씩 주고 아파서 먹는 게 몸이 부실한 걸 알고 베지밀 한 박스 들고 왔던 시절과 함께 또 이렇게 자립해서 시를 한 모금 한 모금 목을 축이며 10년 전으로 돌아가 보자.

  1층 반지하방 아무것도 없는 텅 빈 지하실에서 시작했다. 살림살이가 없는데. 언니와 형부 둘째 조카 민정이가 와서 빈집을 고추장 된장 양념 부엌에서 쓰는 살림에서부터 시작해 내 방을 신혼 방으로 차려 주고 핑크색 이불도 사주고 창문에서 황소바람 들어올까 봐 블라인드도 달아주고 행거까지 조립해서 한쪽 벽에다 박아주고. 화장실에서 필요한 것도 달아주고 집이 어느새 환한 빛을 이끌고 와 갑자기 시집온 새색시가 된 느낌이다. 초록으로 물든 꿈과 함께 결혼했다. 하나하나 물건들을 시장에서 데리고 오기 빠빴는데, 열심히 살겠다는 그 마음을 하늘이 아셨는지 용인에 가족을 보내셨다.

  세간살이 한차 실어 오고도 부족해 꼼꼼이 체크를 해 백화점 물품 그들을 내 방으로 데리고 와 자기가 있어야 할 곳을 찾아 놓고 형부는 목수가 되어 드르르르 벽을 뚫고 햇볕을 가려주는 블라인드도 달아주고 분해된 행거들을 짝을 찾아놓고 창문 틈으로 비바람이 불어와도 변함없는 든든한 사랑이 있기 때문에 행복하고 춥지 않다.

창고 같은 허름한 공간이 금방 신혼 방으로 변신한 방 안을 보니 기쁘고 즐거운 마음으로 살 수 있었고 지하실에서 해 주듯 아파트에서 똑같이 살펴주고 챙겨 주고 용인집에 간다고 하면 꼭 뭐라도 해서 주는 따뜻함이 가득 찬 내 언니 내 형부가 보이든 안 보이든 지켜봐 줄 것을 믿고 오늘도 그때 그 마음으로 이렇게 글을 쓰고 있다.

나의 사랑 이야기

 다른 사람들보다 남다르게 지냈다. 다른 사람은 재활원 갑갑한 방 안에만 있을 때 나는 자유롭게 내 돈 내고 미용실도 내 전동휠체어 타고 가 머리도 손질하고 머리에 영양도 주고 브릿지도 색깔별로 넣어 보고 노래방에도 가서 내가 좋아하는 노래도 불러 스트레스 풀고 나만의 살길을 찾아 자유롭게 성남 바닥을 헤집고 날아다녔는데, 그 시간도 내가 나를 사랑할 줄 알았기 때문이었다. 또 다른 사랑을 사랑도 해봤다.

 사랑을 해보니 성숙한 사람이 된다는 걸 알 수 있다. 내가 그렇다. 짝사랑은 혼자 울었다 웃었다 표현도 못 하고 바보 같은 사랑, 바보 같은 모습이었다.

상대는 어쩌면 느낌으로 알아차릴 수도 있을지 모르겠다. 짝사랑은 하기 싫었다. 나도 그 사람을 잡고 싶었다. 하지만 내 욕심만 챙길 수 없다. 내 자신을 잘 알기에 시작도 내가 먼저하고 내가 먼저 끝내자고 했다.

사랑에 아픔을 몇 년 동안 겪었다. 시간이 약이라는 말이 맞지만 지금도 그 사람이 생각날 때가 있다. 그 사람은 어떤 모습일까? 지금쯤은 인생도 익어서 나를 스쳐 지나가는 사람으로 생각하고 있을까? 내 가슴속에서는 아직도 살아있다.

이런 사람이 되고 싶다 이야기

　세상에 희망의 전등을 밝게 켜주는 사람이 되고 싶다. 한때는 심리 상담사가 되는 게 꿈이었다. 상담사가 아니어도 시와 노래로 위로를 주고 있는 걸 알 수 있다. 나이 연령대를 속이지 못하나 보다. 조금만 더 움직이고 하면 급격하게 피로감이 몰려올 때가 많다. 병든 닭처럼 된 내 모습을 본다.

　스스로가 해낸다는 자부심과 뿌듯함을 느끼지만, 이제 이 팔청춘도 아니고 나를 잘 챙겨가며 살아야 하는데 그게 말처럼 쉽지가 않다. 난 뭐하나 시작했다 하면 끝을 보는 성격이라 내가 나를 힘들게 하면서 사는 것 같아 나에게 미안하다는 생각을 해본다.

글을 쓰고 있다.

지금 이 순간이 제일 행복한 시간이라고 생각하며 시설에서는 공휴일 빼놓고 늘 사람이 떠나지 않고 옆에서 컴퓨터로 내가 말하면 하는 대로 받아 워드 작업을 도와주어 시간이 가는 줄 모르고 식사 시간도 잊은 채 열정이 넘치는 그날그날을 살았기 때문에 마음 맞는 사람이 있으면 수다도 떨고 서로의 고민을 귀 기울여 줬던 그 시절! 문학에 길을 갈고 닦아 나왔기 때문에 오늘 날 내가 있어 빛을 밝혀 주는 사람으로 살아갈 수 있다고 생각하며 가끔은 함께했던 사람들이 어떻게 사는지 궁금하고 그때가 그립다. 어디서 무엇을 하고 어떤 모습일까.

우리들의 희망 이야기

 소망재활원을 생각해서 내가 뼈저리게 겪었던 아픈 조각들의 이야기는 이제 그만 강물로 흘러 버려야겠다. 빨리 나이를 먹고 나면 사는 게 덜 고달프겠지 하는 생각과 함께 꿈을 키웠다. 자립에 대한 꿈을 꾸고 있을 때 한 명 두 명 원내를 떠나는 걸 보고 용기가 생겼다. 주변에 사람들 사이에서 자립하는 것에 대해 반대를 무릅쓰고 나왔다. 때마침 함께 생활하던 이경원 씨가 장애인자립센터장이 되어 많은 도움을 주어 나오게 됐다.

 중원장애인자립센터에도 후원하고 간식도 사들고 가 마음을 나눌 수 있기 때문에 참 기쁘다. 센터 이경원 소장님을 비

롯하여 감사하고 그리고 또 한 분마다 소중히 여기며 우리의 왼팔 오른팔이 되어 주시기 때문에 서슴없이 다가갈 수 있어 감사하다. 그때그때 힘든 일이 있을 적마다 손 내밀어 주고 함께 고민하고 해결 해주어서 고맙고 감사하다. 해마다 큰 대형 버스에 자립한 친구들과 센터 식구와 함께 한마음이 되어 버스를 타고 뜨거운 태양 속 여름을 싣고 바다로 달린다.

　서해바다 동해바다 해마다 여름을 즐길 수 있게 해주어 바다처럼 넓은 가슴으로 세상을 달리는 우리는… 각종 프로그램도 한마음으로 이어가 행복에 결실로 사회에 본분이 된다는 생각을 해본다. 우리 중원센터 언제나 화이팅!

연홍식 시인님,
권숙희 스피치 강사님 이야기

　이십대부터 문학에 끈을 놓지 않고 있는 내 모습이다. 또 내 인생도 붉은 노을이 물든 50대 초부터 작사가가 되는 꿈이 머릿속에서 꿈틀거리는 소리를 귀 기울여 들었다. 『소중한 만남』 책이 나온 후 몇 달 뒤로 보는 사람마다 노래하고 싶다고 노래하고 있었다. 가사를 썼지만 몇 십 년을 시만 접했기 때문에 노래 형태가 아니라 옆길로만 빠져버린다. 안 되는 걸 계속 연습을 하는 중이었다.

　스피치 권숙희 선생님과 인연을 맺고 권숙희 선생님의 곡을 유튜브에서 듣고 나도 한번 해볼까 어렵게 어렵게 톡으로 부탁드려 연홍식 선생님께 말씀을 드려본다고 하여 이렇게 좋은 인연이 되어 노래가 세상에 나왔다.

　작사가가 되는 꿈. 꿈을 꾸고 있으면 그 꿈이 이루어진다는 걸 몸으로 마음으로 깨달았다. 사람은 어떻게 해서든 이루어지나 보다 노력하면 세상은 내편이다. 선생님 두 분께 고개를 숙여 감사드립니다.

노래교실 이야기

노래교실도 금광동에서 있을 때부터 지금까지 10년째 다니고 있어 제법 노래 맛을 알 수 있다. 노래교실 회원님들하며 강사님하며 따뜻한 마음으로 대해 주시어 좋고 강사님께 특별히 대우를 받아 어깨가 으쓱으쓱 해지고 나를 장애인으로 보지 않고 같은 사람으로 보기 때문에 그게 제일 좋다.

남들이 모르는 노래가 TV에서 화면을 타고 흘러나오면 신나게 따라 부르기 바쁘다. 어느덧 춤추고 온몸으로 들썩들썩 이리저리 움직이면서 흥겹게 춤을 추고 있는 내가 내 모습을 보며 자신감으로 넘쳐흐르고 있다는 걸 알 수 있었다.

내가 좋아하는 노래교실이다. 즐겁고 행복하다. 발음도 좋아지고 머리도 좋아지고 기억력에도 도움이 되어 좋다. 가사를 안 보고 머릿속으로 쏙쏙 입력해서 가사도 없이 반주만 있으면 멋지게 뽑아내고 인생을 즐기며 하루하루의 삶을 노래 속에서 살고 있다. 작사도 써가면서. 자, 이제부터 저와 함께 신나게 즐겨볼까요!

사람과 사람 사이 이야기

 마음 맞는 사람이 있으면 수다도 떨고 서로의 고민을 귀 기울여 들어 줬던 그 시절! 소망재활원에서 문학의 길을 갈고 닦아 나왔기 때문에 오늘날 내가 있는 것 같다. 빛을 볼 수 있는 한 사람으로 살아가는 과정 중에 하나가 바로 사람과의 관계다. 좋은 관계를 맺는 방법까지 돈 없이도 인생의 공부를 저절로 하게 된다. 쉽고도 어려운 게 바로 이것, 사람과의 관계가 아닐까 싶다.

하늘공원 이야기

 하늘공원으로 가을 소풍을 갔다. 맛난 거 싸 들고서 우리 세 식구 하나가 되어 낙엽이 휘날리고 하늘은 맑고 바람도 선선하게 부는 바람 타고 들뜬 마음으로 곳곳 들러 보고 시골길을 걷는 것 같아 어느새 향수로 가득 찬 길. 시골 나무 사이 길에서 분위기 잡고 가을을 마음껏 느꼈다.

 강아지풀 보들보들 춤추고
 억새풀은 나란히 줄 서서
 내 손잡고 다정하게 팔짱을 끼고 길을 걷는다.

 하늘이 내려준 나무들은 저마다 색색의 모습에서 사랑

하고 행복을 뿜어내고 아름다운 인생을 노래 부르는 모습을 닮아가고 저들의 모습처럼 서로에게 자연의 소리를 들은 모습처럼 살고 불평 불만하지 않는 모습으로 벤치에 앉아있는 우리가 행복해 보였나 보다. 맛난 거 먹고 지친 일상 재충전 해 오늘을 기억하며 맑고 푸른 웃음이 가득찬 생활을 할 수 있다.

활동지원사님 함께하는 이야기

 무서운 사람도 많고 많은 세상 속인데 가족보다 더 좋다. 내 마음을 알아주고 내가 무엇을 좋아하고 무엇을 원하는지 잘 알아 척척 해주는 사람. 활동지원사님과 함께 여행도 하고 맛난 것도 먹고 친한 동생이나 사람들이 내 집에 와도 묵묵히 따뜻하게 맞아주고 정성을 다 해 맛좋은 음식을 해 먹고 가게하고 어떻게든 원하는 대로 해주려고 노력하는 진정한 그 모습이 마음으로 묻어나 고마운 마음이 든다.

 함께한 시간이 오래된 만큼 우리는 서로가 먹는 음식 하며 좋아하는 노래까지도 닮아 있었다. 일로 만났지만 정을 느낄 수 있는 나의 따뜻한 손발이 되어 오늘도 기분 좋게 하루하루를 출발할 수 있다고 생각하며 지금 내 옆에서 환하게 미소 짓고 있어 힘이 난다.

  함께 사는 날까지 끈끈한 정으로 지금처럼 살았으면… 건강하게 오래오래 함께하길 바라며 우리를 위해서 화이팅 외치며 응원의 박수를 보낸다.

봉사 이야기

 지금 밖에는 춥고 온통 눈으로 전쟁인데 따뜻한 방에서 글을 쓰고 있다니 행복한 걸 알 수 있다. 어떤 상황에서도 마음만 먹으면 할 수 있는 게 봉사다. 봉사가 특별한 게 아니라 가치 있는 삶이다. 아주 가까운 사람은 내가 주는 것만 받고 베푸는 걸 모르는 사람이 있다. 받아서 맛이 아니라 서로의 정이고 우애이고 사람의 됨됨이라고 생각하고 있다. 나도 인간인지라 순간순간 섭섭한 마음이 크게 든다.
 사람이 사람답게 살아야 한다고 생각하고 있다. 똑같이 수급비 받고 살고 있다. 이만하면 잘 살고 있다고 생각해보며… 꼭 움켜쥐고 산다고 해서 꼭 그 사람이 잘 사는 것도 아니다. 그저 인심만 잃어갈 뿐이다.

사람이 살아가면서 자기가 할 도리는 하고 살아야 한다고 본다. 나도 한때는 무슨 날만 되면 퍼주기 바빴다. 생일날 챙기고 무슨 날이라 챙기고... 내가 돈이 많아서 어디다 쓸 줄 몰라서 가볍게 생각하는 사람들이 많다. 내가 덜 <u>쓰고 모으고 모으고</u> 해서 내 마음을 표현하고 있다.

　내가 살던 소망집에도 후원을 하고 있다. 1년에 두 번 정도 가서 소망식구들 얼굴 보고 오면 왠지 모르게 흐뭇하고 뿌듯하다. 경숙 씨을 집에 초대해 맛난 음식을 해서 먹기도 하고 시켜서 함께 먹기도 하고 천진난만한 모습과 표정 깜찍한 미소를 짓는 경숙 씨를 보고 있으면 더없이 행복하다 경숙 씨는 꼼꼼하고 손재주가 좋다. 요즘은 직장 생활을 하고 있다. 그곳에서도 일을 잘 하고 있다. 경숙 씨가 모두에게로 하여금 사랑 받아 기쁘다. 건강하고 하루하루 즐겁게 보내기를 바라며 사랑합니다.

양엄마 이야기

내 나이 20대 중반 임마누엘 교회에서 꽃님반으로 배정받아 1달에 두 번 정도 봉사하러 오셨던 그분들의 모습이 가물가물하다. 세월이 그만큼 흘렀다는 뜻이다. 나도 세월이 주는 성숙한 내 모습을 보면서 그분들의 모습은 어떤 모습일까? 하얗게 물안개 꽃으로 피어 더 아름다운 모습 아름다운 영혼의 모습으로 또 다른 동산에서 꽃이 피어 예쁜 꽃이겠지 라고 생각을 해보며 젊음도 노래하고 그때 마음으로 나에게 만큼은 특별하게 잘 대해 주셨던 엄마 지금도 엄마는 한결같이 나를 위해 기도하고 계시는 따뜻한 엄마다. 소망재활원에서 손톱 발톱을 잘 손질해 주시고 나를 사랑하는 마음에 어느 날은 편한 티셔츠를 사서 직접 입히고 흐뭇해하셨다. 우리를 당신의 딸자식처럼 생각하시는 것 같아 그분들이 오시면 왠지 모를 사랑을 느끼게 한다. 맛있는 간식하며 김밥까지 하나하나씩 입에 넣어주셔서 엄마 사랑을 받는 것 같아 마음 한구석이 따뜻하게 느껴졌다.

 잘 오시다가 한동안 연락도 없고 해 다른 분들은 계속 오셨는데 그분만 오시지 않았다. 몇 년 동안 발길이 끊어졌다. 생각나고 궁금하고 보고 싶은 마음이 컸다. 어느 날 문득 나타나셨는데 수심으로 가득한 뭔지 모르게 아픔을 겪은 느낌이 왔다. 내 느낌이 맞아들었다. 그분은 가슴 아픈 일을 겪으셨다. 그 이유는 자세히 쓰고 싶지 않다. 상상에 맡기고, 아무튼 난 그분의 딸이 됐다. 엄마는 정말 좋은 엄마다.

 재활원에 시간이 될 때마다 오셔서 나무 그늘 밑에 앉아서 도란도란 이야기 꽃을 피우는 좋은 시간을 가졌는데 엄마는 한결같은 마음으로 내게 달려 와 주시는 엄마. 어느 날 엄마는 동생과 아빠와 함께 왔다. 진짜로 가족이 되었나 생각하니 가슴이 뛰고 따뜻해지는 걸 알 수 있었다. 명절 때면 맛 좋은 음식을 바리바리 싸들고 와서 설날 분위기를 느낄 수 있게 해 주시는 엄마. 동생은 오면 노트북을 손

봐주는 듬직한 동생이다. 그 동생 어느덧 결혼을 한다고 해 멋진 신랑 신부를 보고 마음껏 축하해 눈길을 보내 주고 무엇보다도 내가 직접 예식장에 갈 수 있어 남다르게 느껴져 행복했다.

가고 싶어도 못 가는 자리. 평범한 사람들은 마음만 먹으면 언제든 자기 발로 갈 수 있는 사람. 1년이 지나 애기 아빠가 되고 난 고모가 되고 조카를 크리스마스 선물로 받아 기쁘다. 부족한 딸, 누난데 항상 아껴 주어 따스한 봄날이다. 이렇듯 행복한 봄날로 이어가고 삶의 꿈을 꾸는 아름다운 동산에서 사랑합니다. 감사합니다.

후원 물품 이야기

 요즘 같은 세상 풍족한 사회도 아닌데 매월 10년이 넘게 후원을 받고 있다. 3만원씩 그린 마트에 가서 내가 필요한 것들을 골라 장바구니에 담아 온다. 생필품 그들을 이렇게 보니 따스한 손길이 떠오른다. 얼마나 힘들게 일을 해서 번 돈인 걸 알기에 미안한 마음이 든다. 난 편하게 받아먹고 있어 그저 몸 둘 바를 모르겠다. 내가 일을 해봐서 잘 안다. 벌기 위해 노고와 정신적인 힘이 들어간다는 걸…. 고맙고, 감사하다.

 금광동 자원봉사자 분들은 좋은 인연으로 맺어서 지금까지 생각이 난다. 그분들이 소망재활원에 오셔서 자장면을 손수 만들어 식구들에게 따뜻한 정을 느끼게 해주셨다. 그날은 우리에게 있어서 제일 신나는 날이었다.

북적이는 사람소리 노랫소리. 먹는 즐거움도 컸다 식사 도움은 항상 강인권 회장님이 나를 챙겨 주셨다. 어느새 입 주변엔 나 자장면 혼자 다 먹었다는 듯이 묻어있지만 휴지로 닦아 주시고 '잘 드셨어요'라고 금방 식사 시간이 끝났다. 뒷정리하시는 동안에 밥 수저 놓기가 무섭게 슈퍼로 달려가 비타500. 추운 날은 쌍화탕 한 병씩 사들고 재활원 앞마당에 날아와서 회장님께 드리곤 했다.

그때는 이렇게 표현할 수 있어 참 행복했다. 다시 그때로 되돌아가 회장님이 주시는 자장면 먹고 싶어지는 이 마음은 어떤 마음일까? 이 글로 대신 열심히 먹고 열심히 살고 있고 건강하게 사는 모습 보시고 계시죠?

복지관 이야기

『바람난 아줌마』 시집을 발간해 조촐하게 센터에서 출판기념회도 열어주고 에세이집도 발간하고…. 『소중한 만남』 책은 성남시 장애인복지관에서 홍보를 통해서 5백만 원 기부금을 받아 책을 내주고 출판기념회도 가졌다.

코로나 시기 때 장애인복지관에서 비대면으로 꽃꽂이를 했다. 꽃 향기가 좋았고 다양한 꽃이 풍성한 꽃꽂이 프로그램이고 내 마음을 확 사로잡게 한 것은 강사님이었다. 강사님은 한 명 한 명씩 누구샘, 은복샘이라고 호칭을 써주시고 내가 직접 하기를 원하신 걸 알 수 있다. 수업 중에 은복샘이 하고 있는 거 맞죠? 잘 살펴보고 어디어디에 꽂으라고 하셔야 돼요. 우리

선생님이 하다가 궁금한 게 있으면 손 들어 물으면 따뜻한 미소와 함께 단아한 모습으로 자상하게 답변을 해주시고 칭찬을 아끼지 않았다. 지금도 그 모습이 눈에 선하다. 기억 카메라 속에 담아 두고 있다.

  코로나가 차츰차츰 묶였던 발이 풀려 자유롭게 복지관에 방문해 여러 사람들과 함께 어울린다는 기쁨에 부풀어 오른 상태로 흥미진진한 마음으로 갔는데… 내 힘이 닿을 때까지 해보려고 했지만 막상 가서 해보니 그게 아니었다. 그저 옆에서 바라만 보고 있을 뿐, 내 몸을 이리저리 움직여서 긴장했던 근육을 풀어 줘야 하는데 꼼짝달싹하지 못하는 그자체가 마치 내가 죽을 것만 같았다. 정신적으로 피로감이 더해만 가고 짜증만 늘어나는 걸 보니 미칠 것만 같았다. 온몸 전신이 마비가 된 것처럼 느껴지고 녹초가 된 모습으로 집에 돌아와서 자유롭게 움직여 근육을 풀어 준다.

  프로그램이 겹쳐져 버거워하는 내 모습을 보니 정말 이제 나를 살펴야 할 때가 온 것 같아 손을 놓을 수밖에 없었다. 이 책을 통해 고맙고 감사한 마음 잊지 않고 있다고 항상 응원한다고 전하고 싶다.

행복한 사람

 꿈을 꾸고 있는 사람은 행복한 사람이라고 생각한다. 가끔은 어떤 길로 가야할지 몰라서 방황하는 사람도 있다. 하지만 난 달랐다 책내용에서 보시다시피 유튜브에서는 나를 알아주는 노래가 있다. TV에서 내 노래도 가수가 불러 줬으면 얼마나 좋을까 하는 생각이 들었다.

 이 사람 저 사람한테 악보를 만들고 싶다고 노래를 부르고 있었다 어떻게 하지 아침마당에라도 신청을 해볼까 방송국도 가볼까 그러다 무슨 좋은 수가 있겠지 생각을 했다. 나름대로 인터넷으로 악보에 대한 검색을 해보았지만 해결책이 없었다.

하루하루가 그저 막막하기만 했다. 그러던중 어느날 복지관에서 복지사님이 방문하셨다. 이것저것 물어보고 체크하고 난 다음에 혹시 필요하거나 해보고 싶은 것은 없나요? 말이 끝나기 전에 저 악보를 만들고 싶어요 꼭 하고 싶어요 그게 꿈중에 하나에요. 네 알겠어요. 될지 안될지는 잘 모르겠네요 건강 잘 챙기세요 하며 가셨다.

얼마 후 꿈을 이루게 해주는 단체가 있는데 당선이 됐다고 복지사님이 방문해서 말을 해주셨다. 순간 기분이 날아 갈 것 같이 기쁘고 행복했다.

학원에 다녀야한다고 선생님이 여기저기 알아보고 해서 한 달 넘게 음악학원을 다니고 있다. 학원도 다니게 되다니 처음이라 걱정을 했지만 내 손으로 자유롭게 움직이는 것도 아니고 해 내심 초초함과 함께 강사님은 어떤 분일까 역시 우려했던 거와 달리 좋은 선생님을 만났다. 알아듯기 쉽게 설명 잘해 주셔서 열심히 하고 있다. 잘 하려고 하는데 조금은 어렵다. 세상에 쉬운 것은 하나도 없다. 노력 노력이 필요하다. 열심히 잘 되어서 어려운 이웃을 도와주고 내건강을 위해서 좋은 음식도 먹고 지금처럼 행복을 나누고 싶은 꿈중에 하나다.

아파트라 살기는 편리하다 화제가 발생할 때는 대피하기가 어렵다. 사실 저층에서 사는 게 계획이고 꿈이다. 그러기 위해서 열정을 품고서… 나를 위한 팬들을 생각하면 힘이 생긴다. 오늘도 난 작사를 하기 위해 자판위를 걸어간다.

꽃잎 속에 이야기

 살아가면서 수많은 인연을 맺게 된다. 뿌리가 깊은 인연은 아무리 돌풍이 불어도 버틸 수 있는 힘이 생긴다. 그렇기때문에 그냥 스쳐 지나갈 수는 없다. 꽃의 향기가 피는 모양 색색도 다 다르다.

 우리의 인생이 꽃을 피우는 것은 슬픔과 아픔을 겪은 후 단단한 마음에 꽃을 피우고 사람과의 관계도 돈독 하면서 아름답게 보이고 상대의 마음을 잘 읽고 말을 안 해도 눈빛만 봐도 아 무엇을 원하는지 헤아려주는 사람이야말로 진정한 사람이고 진정한 삶이다. 우리가 변하지 않는다고 해도 세상도 변하고 나도 변한다. 변하지 않는 것은 아무것도 없다.

살면서 불평 불만 늘어놓는 사람은 불행해지고 반대로 오늘 날씨가 많이 흐렸네 내일은 맑겠지 라고 생각하면 행복이 찾아 든다 그렇다 나를 사랑하고 사소한 것도 감사할 줄 아는 사람은 행복한 사람이다.

꽃처럼 사계절을 타고 흘러흘러 아름다운 모습으로 내 주변에서 피는 꽃잎들은 피어서 인연을 맺어 가슴속에서 지지 않을 것이며 꽃잎속에 이야기는 계속해서 피어날 것이다.

여름이 좋다

 남들은 여름이 싫다고 하는데 나는 반대로 더워도 여름이 좋다. 겨울은 무조건 옷을 많이 입어야 하고 외출 할때는 시간이 걸리고 몸이 무겁고 둔해서 싫다.
 가을은 산책하기 좋고 또 분위기에 취해서 내 마음을 정화시키고 봄은 가슴을 설레게 하고 새롭게 출발하고 꽃도 피고 여자에 계절이라서 사랑하고 싶은 봄이라 좋다. 옷차림도 가벼워지고 내 마음도 가벼워지듯 내 옷을 가볍고 예쁜 옷으로 골라서 입는 멋이 난다. 옷을 입고 맘껏 멋을 부릴 수 있기 때문에 좋다. 여름이 제일 좋다.

 그래서 쇼핑을 했다. 세이브존 백화점에서 시원한 색깔의 여름 원피스를 사들고 와 입어보니 우려했던 마음은 살아지고 내몸에 딱 맞는다. 그옷을 입고 교회도 가고 동생들을 만나고 왔다

 앞으로도 잘 고르고 골라 내 체형에 맞는 옷을 살 수 있는 자신감이 생겼다. 흥얼흥얼 콧노래로 이 여름을 맞이할 것이다.

행복

　사람끼리 어울려 사는 것이 행복한 삶이다. 나는 곧잘 사람들과 잘 어울리는 편이다. 아는 동생이 부르면 금방 달려간다. 괜찮은 음식점이 있으면 그곳에서 만나기도 하고 각자의 집에서 만날 때도 있다. 한번은 내가 부르기도 하고 또 어떤 날은 초대를 받아 배불리 먹고 이야기 나누고 있으면 시간 가는 줄 모른다.

　휴식으로 과일 먹고 커피 마시고 그러다 보면 하루 해가 금방 간다. 서로 마음을 나누고 사는 것이 행복이다. 이웃을 잘 둬야 부자다. 마음도 든든하고 행복하다. 사랑의 빽이나 다름없다. 사람 사이 함께 걸어가야지 이 사회가 잘 돌아간다.

예바다부

우리는 사실 받는 거에만 익숙하다. 주는 것은 자기가 필요할 때나 그 사람에게 가서 친하지 않으면서 친한 척을 한다. 금방 뭐라도 줄 것처럼 말이다. 어디에나 그런 사람은 꼭 한두 명은 있는데… 하지만 우리 샘물교회는 그렇지 않다. 오고가는 정이 많다.

매주마다 쿠팡에서 소고기미역국, 요플레, 망고, 치즈 등을 신경 써서 보내 주는 고마운 강미애 성도님이 있다. 교회마다 각각에 부서가 있다. 예바다부에서 참 좋은 식구가 많다. 그곳에서 만나는 식구들은 한결같다. 30년 동안 유치원 원장님을 했던 겉모습도 아기처럼 순수한 모습이다.

어디 갔다 하면 그 고장에 특색 있는 음식을 맞을 보고 에바다부을 생각해서 사들고 와서 푸짐하게 테이블에 풀어 놓는다. 제철 과일, 빵, 떡, 과자, 유과 또 어떤 날은 한여름에는 빙수 기구를 들고 와 팥빙수 각종 재료를 넣고 기계를 드르르륵 돌리면 바로 맛도 좋고 시원한 빙수가 나와 한 그릇씩 먹고 나면 저만치 여름은 도망가고 시원한 바람으로 채워진다.

어느 해 봄날 어린이 대공원에 데리고 가 동물들 보여주고 벚꽃이 만발할 때 온통 꽃으로 가득했다. 우리는 꽃이다. 하나님의 꽃이다. 어여쁜 꽃 향기가 좋은 향기가 난다. 돗자리 깔고 누워 하늘의 흰구름도 자유롭게 떠다니는 구름꽃도 아름답다. 우리 사이도 아름답다. 사랑이 가득한 향기가 날리는 에바다부 언제나 변함없이 나에게 한결같은 마음으로 다가와주는 멋진 꽃. 이런 분들을 만나게 해주셔서 감사합니다.

집에 가는 날

 11년 전 그 느낌 그 기분으로 되돌려 보면서 지난주 수요일 평소와 같이 내방에 뒹굴다가 바람쐬러 갈까? 이모가 말했다. 치과 치료하고 나면 못 나가니까 치료하기 전에 실컷 돌아다녀 보자고…. 엄마한테 가볼까? 그 소리에 귀가 솔깃해진 난 내 계획에 없던 일이 생겼다. 급하게 차 부르고 갈 준비를 마쳤다.
 뭐라도 사 갖고 가야 되나 그냥 시간이 없어 빈손으로 출발했다. 거의 다 와서 아뿔싸! 네비가 멈췄다. 길가에 내려 우리 집을 찾으려고 이리 저리 둘러보았지만 내 머릿속은 그 집이 그집 같고 앞길로 마냥 가고 있었다. 동네가 너무 한적해서 물어볼 만한 사람이 극히 드물었다. 저 멀리서 밤을 털고 있는

지 감을 따고 있는지 어떤 여자 분이 보여 물어보았지만 고개를 갸우뚱했다.

트럭을 몰고 오는 여자 분에게도 물어보았지만 같은 대답이었다. 한참을 돌고 돌아 장작을 패고 있는 아저씨에게도 물어보았지만 역시 그러했다. 조금 더 가보니 연세가 제법 있으신 어르신께 여쭤보았더니 저기 아랫동네 집이 두 채가 있는데 그 쪽이 맞을 거예요. 라고 말을 건네 주었다.

할 수 없이 집으로 전화를 걸어서 여쭤보았다. 아뿔싸, 우리가 차에서 내린 근처였다. 내 전화를 받고 밖에서 기다리는 엄마, 아버지, 동생이 어떻게 왔어? 깜짝 놀라는 것이었다. 집으로 들어갔는데 큰 멍멍이 개가 '낯선 사람이 왔네. 멍멍멍!' 목 터지게 짖어댔다.

아버지가 강아지들 보고 "누나야 조용히 해!" 막대기로 흥분을 멈추게 했다. 현관에 계단이 3개쯤 떡하니 있었다. 속으로 어떡해 이모가 날 안고 들어가나 걱정이 앞섰다. 하지만 내 집에서 했던 것같이 안고 집 안으로 들어왔다. 올케 언니가 내가 온 걸 보고 달려와 주어 이불을 거실 바닥에 깔아주고 재활원에서 나오니까 좋냐고 물어 "네!" 하고 대답했다.

엄마는 한 없이 대견스러워하셨다. 이것저것 먹으라고 챙겨

주시고 작은 몸짓으로 음식을 갖다 주시고 떡과 도토리묵, 포도 한 송이를 내놓으셨다. 난 미친듯이 내 입으로 넣고 보니 사라졌다. 저녁 먹고 가라고 하시는 걸 오늘만 날이 아니야 또 올 수 있어 하고 속으로 생각이 들었다. 더 좋은 건 부모님의 도움을 받지 않아서 그게 더 부담이 없었다. 전에 같았으면 내가 집에 와도 부모님의 손길을 거쳐야만 했었는데 그래서 마음이 더 힘들고 죄송스러운 마음에 괜히 왔나 그런 생각으로 있었는데 이제는 옆에서 이모가 나를 챙겨 주는 것이 행복했다.

집에서 볼일 보는 것도 이모가 있어서 너무 고마웠다. 그래서 먹는 것도 즐겁게 먹고 내 옆에는 말만 하면 알아주는 순발력 뛰어난 고마운 이모가 있기 때문에 가능할 수 있다.

이렇게 해서 세 시간 동안 이야기를 나누고 화초들도 잎새 가득 행복의 마음으로 바라봤다. 이렇게 하여 간만에 얼굴 마주하고 이야기 끝을 맺고 난 전동 휠체어에 타고 차에 올랐다. 아버지 따뜻해지면 내 집으로 놀러 오세요. 속으로 그렇게 할 수 있어 동생도 데리고 와서 촌티 확 없애 주고 언니가 이렇게 살고 있다는 걸 동생뿐만 아니라 가족들에게 보여줘야지 라고 생각한 후 차를 타고 지하철을 탔다.

퇴근 시간이라 붐볐지만 오늘에 뿌듯함과 자립이라는 건 이런 거구나 새삼스레 즐거움을 느꼈다. 이시간이 그 누구도 부럽지 않는 시간이었고, 저녁 공기에서 희망과 기쁨이 불어왔다. 솔가지처럼 느티나무처럼 삶에 지탱이 되어주는 그분들이 있기에 지금도 가슴에 문을 활짝 열어 두고 한발 한발 내 딛고 별을 만져본다.

금광 2동의 멋진 여성

 오랜만에 지난 주금요일 우리끼리 지하상가를 갔다. 재활원에 있을 때 마음이 우울하면 혼자 가기도 하고 동생들과 함께 가기도 했다. 내 집 드나들 듯이 뻔질나게 드나들었다. 그런데 독립하고 나서는 혼자는 갈 수가 없다. 마음의 여유가 없기도 했다. 내 시간을 갖고 싶어 지윤이, 정숙이와 함께 지하철을 타고 신흥역을 갔다.

 이것저것 둘러보고 괜찮은 바지와 하늘하늘한 치마를 고르고 시원한 음료수를 사 먹으러 편의점을 갔는데 정숙이와 지윤이는 마시고 나서 '언니 도와줄게' 하고 신나게 먹고 있는 중에 옆에 아기엄마가 의자에 앉아 있었다. 내가 먼저 "저기요,

저 좀 도와주세요."라고 했더니 아기 엄마가 "무엇을 도와드릴까요? 휠체어를 끌어드릴까요?" 하고 말했다.

   지윤이가 내 뜻을 알고 오렌지 주스를 내 앞에 가져와 아기 엄마에게 주었다. 마시고 있는데 애기가 가자고 보채 급하게 마시고 있는 중에 "할머니 도와드리고 가자"라고 아기 엄마가 말했다. 순간 놀라고 정숙이와 지윤이는 웃었다. 나는 좀 더 앳되게 보이려고 머리스타일까지 바꿨는데 할머니라니… 아무리 본모습을 감추려고 해도 보는 눈은 제 나이를 보는가 보다. 할머니라고 해서 슬퍼할 것도 없고 나이에 맞게 사는 게 아름다운 모습이라 생각한다. 난 그래서 아름다운 여성이다. 오늘 저녁에는 기쁨을 안고 내 겉모습보다 생각이 깊은 여성이 되어 집으로 왔다.

한 맺힌 모기

신께서 나를 보내신 이유는 무엇입니까.

저도 살기 위하여 어쩔 수 없이 나쁜 인생으로 살지만 저도 사람들에게 사랑을 받고 싶은데 왜 저만 보면 눈부터 찡그리고 손바닥으로 저에 뺨을 때려 빨간 피를 보게 하여 저의 몸을 사방팔방 흩어지게 해 이웃들이 몰려와 저의 임종을 지켜주는 친구들도 저 때문에 희생 아닌 희생을 당하지요. 저는 단지 사람들과 친해지기 위해 다가간 것뿐인데 그리고 똑같이 배가 고파서 사람들이 배를 채우는 것처럼 내 조그만 배를 채우는데 뭐 그리 따가운 시선을 보내는지 마음이 아프고 이해할 수가 없습니다. 마치 죄인처럼 때로는 밉지만 저 때문에 얼마나 고통스러울까 하는 미안한 마음도 있습니다. 왜 이렇게 태어나게 하셨는지 이유가 궁금하며 흐르는 내 눈물을 닦아 주시고 다음 생에는 누구도 괴롭히지 않는 꽃나비 푸른 나무로 태어나게 해달라고 애원합니다.

어항에 애기들

　우리와 함께 사는 애들이 있다. 강아지도 좋아해 키우고 싶은데 손길이 많이 가고 돈도 많이 든다. 사람과 똑같아서 아프거나 하면 병원으로 데리고 가서 몸을 이리저리 살피고 진짜 어디가 아프면 주사도 놓고 치료를 해야 한다. 수시로 산책도 시켜야 하고 옷도 사서 입혀야 하고 미용실도 데리고 가서 털도 다듬어 줘야 하고 밥도 좋은 거로 사 먹어야 해 키우고 싶어도 못 키운다.

　나가 보면 강아지를 데리고 다니는 사람들이 많고 집에서도 강아지가 있어 참 좋았다. 멍멍! 반갑다고 이리저리 꼬리 흔들며 짖어댄다. 강아지도 사람처럼 나이를 먹으면 힘이 없고 늙

어서 죽어간다. 우리 집 강아지들도 그렇게 갔다. 정이 많이 들었다. 간식도 사다 주고 했었는데…. 생각이 나고 보고 싶다. 아프지 않고 잘 살고 있겠지, 하며 나는 지금 열대어들을 키우고 있다.

  처음에는 구피를 키우다가 죽어 안 키우려고 했었는데 있다 없으니 허전하게 느껴져서 생명력 강한 애들로 다시 데리고 와서 화장대 앞에 어항 하나를 놓았다. 화장품은 밀리고 애들이 나의 사랑을 독차지 하고 있다. 저녁이면 자고 아침이면 밥 달라고 서로 아우성들이다. 밥을 안 주면 화나서 어항 벽에다 쿵쿵 소리를 낸다. 밥을 먹고 나면 배가 불러 몸이 둔해진다. 외출하고 오면 언니 왔어? 나 좀 봐 줘! 애교를 떤다. 그 모습이 어찌나 예쁜지 간식을 챙겨 주고는 신난다. 언니 맛있어! 기분 좋아, 좋아! 행복해요, 하는 것 같아 나도 기분 좋고 귀엽다. 어항 속에 여러 가지 풀도 심어주고 잘 지내라고 신경을 쓴다. 나의 관심과 사랑을 바라는 애들이 있어서 행복하다. 아프지 않고 인생을 즐겁게 살자!

장콜 기사님을 생각하며

지금 사회는 혼탁해서 제대로 숨쉬기가 버겁다. 방송이나 유튜브나 인터넷이나 떠들어댄다. 그래서 노래나 어떤 이의 경험담, 곧 그 사람의 인생사 이야기를 듣고 울고 웃는다. 어려운 시기에도 불구하고 좋은 사람, 좋은 분들이 참 많다. 장콜 기사님들이시다. 그분들은 우리들한테 따뜻하게 다가와주셨다. 한겨울 김장철이면 고기, 김치겉절이, 통닭 농사 지은 채소 나물 종류를 바리바리 한상을 차려 그야말로 입이 터져라 싸주셨다. 배가 너무 불렀다.

기사님들의 마음과 정성을 생각하면 더 행복하다. 우리들이 추울까 봐 집집마다 오셔서 창문에 뽁뽁이를 달아주고 또 한

날은 여름에 상추도 한가득 가져다주서 여름을 맛나게 나곤했다. 장콜 타면 친절하게 잘 대해 주었다. 차 타고 소망재활원에 가는 중이었다. 며칠 전에 뜨락음악회에서 무대 설치하고 또 가서 정리하고 왔어요, 라고 해 너무너무 기분이 날아갈 것 같이 좋았고 내가 더 행복했다. 내가 살던 집이라서 고마운 마음이 들었다. 지금도 계속 활동을 하고 매월 셋째 주 토요일마다 찾아가서 봉사 활동을 하고 계신다고 하셨다.

마음이 맞는 분들이 모여 직접 몸으로 하는 봉사를 하고 있다고 하셨고, 재활원에서 봉사상을 추천을 해서 성남시장님상을 김광희 기사님께서 대표로 받으셨다고 하셨다. 축하드립니다. 응원합니다. 감사합니다.

나를 생각하며

누군가의 별이 되어서
어두운 밤길 등불로 지켜 주고

긴긴 하루가 가고 밤도 자고
하얀 이슬방울 타고
올라 온 우주선에서
오늘 밤 커튼 치고
잠시 침대에 누워서 피로를 풀고
무거운 지난밤을 걷어 내고

또 다른 내일을 생각하며

어여쁜 인생을 위해서
무대에서 삶을 노래로 열망을 퍼내어

세상 모두에게 톡으로 오뚝이처럼 살려고
그게 바로 나 자신을 두고 하는 말이었다.

눈을 감지 않은 이상 힘들 때 쉬고
인생을 줄기고 싶을 때 즐겨라

뭐든 주고 싶을 때
아낌없이 주라

그리워 할 사람이 있으면 그리워해라
살아 있다는 것이다.

오늘 밤 아름다운 꿈을 만나고 사람 만나고
1년에 5개월 동안 고생 참 많았다
은복아 고맙다 잊을 수 없는 순간들 포기란 없어
너의 몸도 아프지만 잘 했다 눈물이 난다
글들아 사랑한다

우리 집은

  누구나 인형들을 좋아한다. 나이가 많거나 작거나 상관없이 좋아한다. 아이들만 좋아하는 것이 아니라 어른들도 좋아할 수 있다. 시설에서 생활을 할 때는 내가 뭘 좋아하는지 잘 몰랐다. 있어도 내 것으로 오랫동안 그 자리에 두지 못한다. 자주자주 방 이동을 해야 하고 그러다 보면 자연적으로 어디로 갔는지 모르고 식구들은 별 생각 없이 만지고 내가 외출 갔다 와서 보면 엉망이 되어서 짜증이 났다. 그래서 꼭 필요한 것들만 챙겨 전동휠체어 뒷가방에 넣고 핸드백에 넣고 갖고만 다녔다. 노트, 필통, 책 항상 들고 다녔다.

  자립을 해서 내가 무엇을 좋아하는지 알 수 있다. 노래도 좋아하고 인형들을 좋아한다. 그렇기 때문에 내 방은 큰 애, 작은 애 인형들이 많이 있다.

  강아지는 꼭 안고 자고 매일매일 함께 눈 마주치고 속에 있는 생각과 말을 하기도 한다. 어떤 때는 애들한테 속 터지는 일이 있으면 화를 다 받아주고 즐거움도 주고 옷도 갈아입히고 나면 기분이 좋아진다. 인형도 예뻐하는지 사랑하는지 다 안다. 혼내고 보면 미안한 마음이 든다. 내가 파파할머니가 되도 지켜줄 거지? 고맙다. 너희들이 있어서 행복하다.

사랑합니다

 요즘 계속해서 비가 내리는 날이 많다. 일주일에 하루 이틀 정도는 빼놓고 비가 왔다. 어디를 가려고 해도 마음 놓고 갈 수도 없다.
 늦은 봄에 딱 좋은 날씨. 오늘은 우리가 청담대를 가는 줄 알고 날씨가 좋았다. 아침부터 서둘러서 갈 준비에 바빴다. 드디어 차에 올랐다. 아침도 굶은 상태. 상쾌한 공기를 마시며 출발했다. 식당에 들렸는데 경사로가 놓여 있어 높아서 조금 겁이 났지만 들어갈 수 있다는 게 감사했다. 전날 미리미리 사전예약. 우리가 들어갈 수 있게 경사로를 놓아달라고 사장님께 부탁드린 활동지원사님 덕분에 잘 먹고 든든한 배를 안고 청담대에 도착했더니 경치가 이루 말할 수 없이 좋았다. 숲이 우

거지고 나뭇길 꽃길 따라 걸어가면서 꽃하고 약수하고 사진도 찍고 1층 박물관에 구경을 하고 아이스크림으로 더위를 잊고 달달한 시간을 보내고 마음 같아서는 곳곳에 다 둘러보고 싶지만 싱그러운 마음과 함께 차에 올라왔다.

　식물원이나 서울숲 그 외에 다양한 놀이시설 여러 곳을 가보았다. 출발할 때는 늘 어린아이처럼 마음이 설렌다. 장애인복지관 사랑합니다.

고마운 꽃

 세상에 아름다운 꽃으로 만발하게 피어나 말없이 나에게 향기로운 마음을 전해 준다. 그저 생각만 해도 기분 좋은 꽃. 행복도 사랑도 꽃이 피어 나를 즐겁게 해주는 꽃. 세상에서도 돈으로 살수 없는 고귀한 꽃이다.

 어두운 마음이 들 때 힘이 들 때 향기가 묻은 얼굴을 떠올리면 오늘처럼 맑고 푸른 하늘 그리고 내게 쏟아지는 해님에 얼굴. 눈이 부시다.

 언니와 함께 사는 게 아름다운 모습이다. 형부을 생각하면 시 같은 글이 나온다. 지금에 형부 나의 형부 마음이 꽃보다 더 아름답다. 은은한 마음, 은은한 사랑이 가득한 형부는 내 편이 되어서 나를 바라본다.

우리 집 별미 오이생채

요즘은 시대가 좋아서 마트에서 과일이며 채소나 돈만 주면 살 수 있다. 계절을 따질 필요가 없다. 내가 좋아하는 것은 망고, 딸기, 배, 포도, 수박, 오렌지, 연시감이다. 채소는 토마토, 호박, 고추, 오이다. 오이는 물에 한 번 씻어서 통째로 들고 베어 먹어도 좋고 여러 가지 반찬을 해 먹어도 좋다.

여름 하면 난 생각나는 건 엄마가 해주던 오이생채다. 내가 어릴 때부터 먹어 온 오이는 집에 가면 엄마가 하시는 말씀은 "아야 오이생채에 밥 비벼 줄까" "응"이라고 대답한다. 참기름에 밥 비벼주면 뚝딱 한 그릇를 비운다.

그때는 엄마가 오래오래 건강한 모습으로만 계실 것만 같아서 맛있게 먹었다. 어느 날부터인가 잘 하셨던 음식도 못 하시고 당신의 몸도 제대로 쓰지 못하신다. 엄마의 정성이 담긴 음식들이 먹고 싶고 생각이 참 많이 난다. 옛날부터 먹어온 오이생채가 아닌 건강한 엄마가 더 보고 싶다. 엄마가 해주던 오이생채와 함께 그리움을 비벼 떠 먹고 있다.

우리 동네 중앙공원

 우리 동네는 부자 동네다. 사람들은 부러워한다. 아파트단지마다 경치가 푸르다. 어린이공원이 있고 벤치에 앉아 힘들면 그늘에서 쉬고 정자에서 사람들 오고 가는 모습도 보고 그런대로 괜찮은 동네다. 사계절을 알리는 꽃도 피고 아파트라 살기는 편리하다. 중앙공원에서 누구와 약속하기 좋다.

 어느 날 오후 친한 동생한테 전화가 와서 받아 보니 지금 중앙공원인데 나올 수 있어 하는 것이다. 때마침 머리도 아프고 바람이라도 쐬고 싶었다. 하던 일을 잠시 미루어놓고 후딱 날아갔다. 야쿠르트를 마시며 앉아서 얼굴을 보고 아직은 공기가 차지만 그래도 좋았다. 공원 숲속 귀퉁이에 진짜 토끼가 있었다. 우리가 가도 움직이지 않고 피하지도 않고 그대로 있는 토끼야 또 보러올게, 인사하고 우리는 돌다 각자의 집으로 왔다.

중앙공원이 가까이 있어서 좋고 교통도 아주 편리하다. 고층에서 화제가 발생할 때는 무섭다. 실제로 화제가 2번이나 발생해서 1층까지 업혀서 대피했다. 장점도 있고 단점도 있다. 형편이 좋아지면 저층에서 살고 싶다는 생각을 하고 있는데, 화제만 아니면 살기 좋은 그야말로 분당 정자동이다.

의사선생님들을 생각하며

 오늘같이 흐리고 비가 오는 날이면 아프지 않다가도 온몸이 구석구석 아파온다. 왠지 모르게 기분이 가라앉는 날씨다. 몸이 아파오면 우리는 날씨 탓을 한다. 다른 사람들은 무엇을 할 때는 손으로 하고 의자에 앉아서 편한 자세로 하는데 난 그렇지 않다. 아시는 분은 알고 계시겠지만 난 침대에 옆으로 누워서 손도 아닌 코로 모든 것을 다 한다. 성격이 꼼꼼해서 그냥은 없다.

 글자를 살핀다. 그래서 내 몸이 안 아플 수가 없다. 그래도 나는 이를 악물고 한다. 하고 나면 목 근육 어깨 근육이 말이 아니다. 근육통 약을 먹고 있다. 그래도 안 되면 한사랑정형외

과를 찾는다. 의사 선생님한데 어디어디가 아파요 하면 주사를 놓아주시는데, 바로 통증이 사라진다. 괜찮다 싶으면 또 다시 그 자리가 아파온다. 늘 통증과 함께 살고 있다. 그러다 어느 날 사고로 발을 다쳐 반깁스를 하고 왔다. 미치게 아프고 힘들었다. 잘 움직이지 못할 만큼 힘이 들었다. 치료를 받고 잘 완치가 되었다. 의사선생님이 치료비를 청구하지 않고 알아서 무료로 치료를 해주셨다. 순간 너무 감사했다. 다른 사람 같아서는 치료비를 다 받을 텐데 한사랑정형외과 손상우 의사선생님은 남다르다. 의사선생님을 안 지가 9년이 흘렸다.

  이 동네를 한 바퀴 돌다 보니 건물을 한창 공사하고 계셨다. 어떤 남자가 왔다 갔다 하는 모습을 보고 며칠 뒤면 한사랑정형외과 개업할 예정이라고 적혀있어 가까이 가서 물어봤다. 그렇다고 했다. 난 허리가 고질병이라 항상 고통을 안고 살았다. 허리가 심하게 아플 때도 있었고 고만고만할 때도 있었다. 아하, 그렇지. 정형외과 가보자 하고 생각하면서 갔다. 엑스레이를 찍고 보니 허리가 말이 아니에요. 척추가 휘고 배속에 가스는 가득하다고 설명을 해주셨다. 그 이후로 일주일에 2~3번은 가서 치료를 받았다.

  그래서 지금은 허리가 아프지 않다. 허리라도 나으니 다행이고 감사하다. 내 곁에는 좋은 의사선생님들이 많다. 내 시를 읽고서 나의 팬이라고 하시면서 반가워하시는 희망내과 서정연 선생님도 계신다. 비타민D 주사도 선물로 그냥 놓아주셨다. 서울 행복내과 강진우 선생님도 인자하시고 내가 안 보이면 안부도 물으신다. 선생님도 역시 나의 팬이시다. 우리 중앙병원 한수정 의사선생님도 한결같이 친절하다. 만나는 선생님들마다 인격적으로 잘 대해주신다.

오늘도 그 분들은 여러 환자들을 돌보신다. 나는 각 분야별로 좋은 선생님을 알고 있어서 마음이 참 든든하다.

가지의 사랑

찬 이슬 속에 얼어붙은
영혼을 흰 겨울이 와
뚝뚝 맑은 종소리 들려준다
땡땡
새벽문 열리는 소리로 인해
아픈 발자국 지워지고
마른 새날은
어느새 통통한 미소로
가지에게 화사한 바람이 되어
그의 마음을 덮어준다

자유의 열매

제자리에 숨어 있어야 하는데
이 봄의 동그란 눈으로
이렇게 책상 지키고 있다

그 녀석은 몸이
반으로 쪼개져
내 입안으로 들어온다

비가 내린 후라
세상뿐만 아니라 마음까지
토실토실 살이 오른다

영혼 속 자유의 열매

그것을 바라보면
숨이 탁 트인다

수요일마다 바다에 간다

꽃잎 속에 이야기

초판 1쇄 발행 2025년 7월 21일

지은이 김은복

펴낸이 임병천
펴낸곳 책나무출판사
출판신고 2004년 4월 22일 (제318-00034)

주소 서울시 영등포구 신길3동 325-70 3F
전화 02-338-1228 **팩스** 0505-866-8254
홈페이지 www.booktree.info

ⓒ 김은복 2025
ISBN 978-89-6339-754-2 03810

*이 책의 판권은 지은이와 책나무출판사에 있습니다.
*양측의 서면 동의 없는 무단 전재 및 복제를 금합니다.
*잘못된 책은 바꿔드립니다.